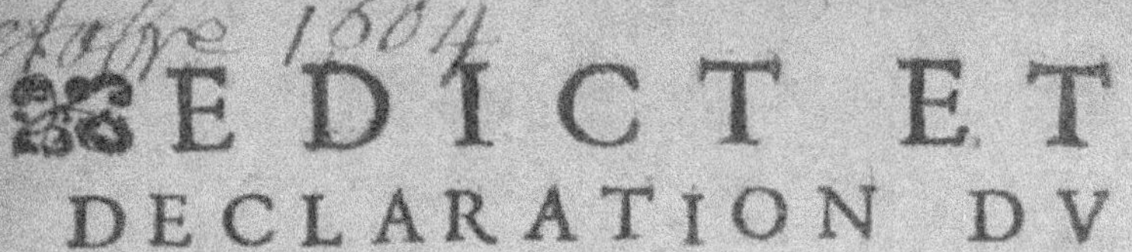

EDICT ET DECLARATION DV

ROY, POVR LA VENTE EN

heredité, des Officiers de Iaulgeurs, Mesureurs, &
Visiteurs de tonneaux, bariques, & autres vaisseaux à mettre vin, cildre, biere, verjus, vinaigre,
huille, & autres bruuages & liqueurs en la Prouince de Normandie.

A ROVEN,
Chez Martin le Mesgissier, Libraire & Impri-
meur ordinaire du Roy, au haut des
degrez du Palais.

1608.

Auec Priuilege de sa Maiesté.

ENRY par la gra-
ce de Dieu, Roy de
France & de Na-
uarre, A tous pre-
fens & aduenir fa-
lut, Cy deuant pour
reformer les abus qui fe commet-
toyent en la vente des vins, cydres,
bieres, vinaigres, huilles, & autres bruuages & liqueurs par la malice ou ne-
gligence des Iaulgeurs de vaiffeaux
pourueuz en vertu des Edicts des feuz
Roys Henry fecond & troifiefme nos
predeceffeurs, & autres introduits en la
function des mefmes charges par les
Communautez, Maires, Confuls, Iu-
rats, Efcheuins, & autres Magiftratsdes
villes de noftre Royaume, & y eftablir
vn bon ordre. Nous aurions par nos

A ij

Edict & Declaration sur iceluy, dont coppie deuëment collationnée aux originaux est cy attachée, esteint & supprimé à charge de remboursemét tous lesdits Offices de Iaugeurs, & neantmoins par le mesme Edict, iugeant l'exercice vtile à nos subiets, iceux establis & de nouueau erigez pour y estre par nous pourueu de personnes capables & en ioüir par eux aux pouuoir & auctorité de faire les Iauges & mesurages des fustailles, pippes, muids, tonneaux, bariques, & autres vaisseaux, tant plains que vuydes, & iceux marquer aux droits : Sçauoir de douze deniers pour muid, & de six deniers pour barique, & ainsi de faire lesdits autres vaisseaux à l'equipollent, & pource que nostre intention en ceste occasion n'estoit pas tant de tirer secours en nos affaires de la fináce qui en pouuoit prouenir, que d'oster & corriger lesdits abus. Nous ordonnas-

mes auſſi que tous Tõneliers auãt que
de pouuoir cõmencer à ouurer à aucu-
nesfuſtailles neufuesouvieilles, ſeroiét
tenus de prendre deſdits Iaulgeurs en
leur payãt cinq ſols de droit, vn eſchã-
tillon marqué de leur marque ſelon
l'ancienne Iaulge du lieu ou ils ſeroiét
demeurás, afin qu'ils n'euſſent en leur
ouurage à l'outrepaſſer en hauteur, ia-
ble, ou baulge, ſur peine de confiſca-
tion, & d'améde, auec pouuoir à iceux
Iaulgeurs pour y remedier, d'aller és
maiſons des particuliers ou ſe feroient
leſdits vaiſſeaux pour les viſiter ſi exa-
ctement, qu'il ne s'en peuſtplus enſui-
ure aucun mal, à peine d'en reſpondre
en leurs propres & priuez noms, inter-
diſmes auſſi à toutes perſonnes indif-
feremment pour mieux & plus facile-
ment cognoiſtre d'ou il procederoit
de vendre ou achapter vin ou aucun
autre bruuage & liqueur, ſinon à la
charge de la Iaulge du pays, & apres

A iij

qu'il leur apparoiſtroient l'auoir eſté à celle de l'année ſelon la qualité des vaiſſeaux, à peine de cinq eſcus d'amende, auec inionction aux Courtiers de les en aduertir, & de faire faire ladite Iaulge & marque auant que de les faire enleuer, ſur peine de pareille amende, & de reſpondre du dechet & defaut en leurs propres & priuez noms: Et pour pouuoir vacquer plus ſongneuſement au fait deſdites charges, les aurions exemptez & deſchargez de toutes commiſſions de Meſſier, Aſſeeur, & Collecteur des tailles, & autres: Suiuant leſquels noſdits Edit & Declarations il a eſté ſeulement pourueu à vne partie deſdits Offices en noſtre Prouince de Normandie, eſtant reſté vn grand nombre à pouruoir, tant à cauſe que noſtredit Edict n'a eſté verifié purement & ſimplement en noſtre Court de Parlement de Roüen, que pour les grands fraiz qu'il conuiendroit faire

aux particuliers, à la pourſuite & obtention d'iceux pour la grande diſtan-
ce qu'il y a de là en ceſte noſtre Court,
eu auſſi eſgard au peu d'eſmolument
attribué auſdits offices, & conſiderant
que par ce moyen les premiers abus
continuans nos ſubiects de ladite Prouince demeuroient priuez de l'éga-
lité & droiture des meſures que c'eſt
eſtabliſſement leur deuroit auoir ià ap-
porté à leur grand preiudice. Nous a-
uons iugé à propos pour y remedier,
de rendre hereditaires leſdites offices
de Iaulgeurs en noſtredit pays de
Normandie, comme nous auons ià fait
au reſſort de noſtre Parlement de Paris,
& ce fait les faire vendre à faculté de
rachapt perpetuel. Povr ces cavses
& autres particulieres à ce nous mou-
uans, Apres auoir mis ceſt affaire en
deliberation en noſtre Conſeil, auquel
ont aſſiſté aucuns Princes, tant de noſtre ſang, qu'autres & pluſieurs autres

Officiers de noſtre Couronne. De
l'advis d'icelvy. Auons par ce
preſent noſtre Edict perpetuel & irre-
uocable, & de noſtre certaine ſcience
plaine puiſſance & authorité Royalle,
eſteint & ſupprimé, eſteignons & ſup-
primons tous leſdits Offices de Iaulgeurs, Viſiteurs, & Meſureurs de tonneaux & bariques en noſtre dit pays de
Normandie : Et par meſme moyen les
auons de nouueau créés & reſtablis, &
iceux à l'effet deſſuſdit reüny & reüniſ-
ſons à noſtre Domaine, pour eſtre en
ceſte qualité auec les droicts, eſmolu-
mens, pouuoir, & exemptions deſſuſ-
dits que nous y auons à ceſte fin en tant
que beſoin ſeroit, attribuez & attri-
buons vendus en heredité à faculté de
rachapt perpetuel par tous les lieux &
endroits de noſtredit pays que beſoin
ſera, tout ainſi, & en la meſme forme
que les Greffes des tailles des parroiſſes
l'ont eſté, & ce par les Commiſſaires

qui

qui seront à ce par nous deputez, à la
charge de rembourser tant les anciens
& noueaux pourueuz desdits Offices,
que les porteurs des quittances qui
n'ont encores pris leurs lettres de pro-
uision sur icelles, de la finance qu'ils
monstreront en auoir actuellement
payee en nos parties Casuelles, auant
que d'en pouuoir estre depossedez: Ensemble des fraiz raisonnables faits à
l'obtention de leursdites prouisions,
verification preallablement faite d'i-
celle finance ou il appartiendra, & ce à
mesure que ladite vente en heredité
s'en fera, & des premiers & plus clairs
deniers d'icelle, pour estre ce qui re-
uiendra de bon de ladite vente en heredité apres lesdits remboursemens
faits employé à nos vrgens affaires,
ainsi qu'il sera par nous ordonné. S i
DONNONS EN MANDEMENT à
nos amez & feaulx Conseillers les
gens de nostre Court de Parlement de

B

Rouen, & à tous nos autres Iuges &
Officiers qu'il appartiendra, que ce-
stuy nostre present Edit, ils facent lire,
publier, & registrer, & le contenu garder, obseruer, & entretenir de poinct
en poinct selon sa forme & teneur, faisant iouyr & vser les acquereurs desdits Offices des droicts, pouuoir, exemptions & esmolumens y attribuez
plainement & paisiblement, & cesser
tous les troubles & empeschemens qui
leur pourroient estre donnez au contraire: Nonobstant oppositions ou appellations quelconques pour lesquelles & sans preiudice d'icelles ne voulons estre differé. Car tel est nostre
plaisir, & afin que ce soit chose ferme
& stable à tousiours, Nous auons fait
mettre nostre seel à cesdites presentes,
sauf en autres choses nostre droit &
l'autruy en toutes. Donné à Fontainebleau au mois d'Octobre, l'an de grace

mil six cens & quatre. Et de noſtre regne le ſeizieſme.

Signé,   HENRY.

Et ſur le reply.   Par le Roy.

                R v z e'.

Et à coſté,   V i s a.

Et ſeellees du grand ſeel de cire verte
en lacqs de ſoye rouge & verte.

Et ſur ledit reply eſt eſcript,

Leuës, publiées, & regiſtrées és regiſtres
de la Court, Oy & requerant le Procureur
General du Roy, du treſ-expres commande-
ment dudit Seigneur par pluſieurs fois reiteré, ſuiuant autres lettres patentes de declaration du vingtſeptieſme Iuillet mil ſix cens

cinq, & Arrest de ladite Court donné les
Chambres assemblées, sur la verification
d'icelles le vingtsixiesme Ianuier dernier.
A Rouen en Parlement le premier iour de
Feurier, mil six cens sept.

Signé,   DE BOISLEVESQVE.

EXTRAICT DES REGISTRES
de la Court de Parlement.

VEV par la Court, les Chambres assemblées, les lettres patentes en forme d'Edict, données à Fontainebleau au mois d'Octobre, mil six cens quatre. Par lesquelles le Roy a extaint & supprimé tous les Offices de Iaulgeurs, Visiteurs, & Mesureurs de fustailles, muids, pippes, tonneaux & bariques à mettre vin, cydres, bieres, verjus, vinaigres, huilles & autres bruuages & liqueurs, & iceux en ce pays de Normandie de nouueau creez & restablis & declarez reünis en son Domaine, pour estre en ceste qualité, auec les droits, esmolumens, pou-

uoirs & exemptiõs qui y sont attribuez
par ledit Edict vendus en heredité à
faculté de rachapt perpetuel, par tous
les lieux & endroits que besoin seroit,
à la charge du remboursement, suiuant
qu'il est plus particulierement contenu esdites lettres. Autre Edict fait par
ledit Seigneur Roy au mois de Feurier
mil cinq cens quatre vingts saize, sur la
creation desdits Estats & Offices de
Iaulgeurs & Mesureurs de vaisseaux.
Arrest de ladite Court interuenu sur la
verificatiõ d'iceluy, du dix huictiesme
Decembre, mil six cens trois, Conclu-
sions du Procureur General du Roy,
tout cõsideré. Ladite Court les Chambres assemblees, à ordonné & ordonne
que lesdites Lettres Patentes en forme
d'Edict du mois d'Octobre dernier, seront leuës, publiées & registrées és registres d'icelles pour estre executées
selon leur forme & teneur, aux mesmes
charges & modifications contenuës

en l'Arrest de ladite Court dudit dixhuictiesme Decembre, mil six cens
trois, & en ce faisant à ordonné & ordonne qu'en la presence du Procureur
General du Roy, ou son substitud, sur
les lieux par l'vn des Conseillers de ladite Court, qui sera à ce par elle commis & depputé, sera procedé à la
vente en heredité à faculté de rachapt
perpetuel desdits Offices de Iaulgeurs
& Visiteurs & departement d'iceux,
pour vn desdits Offices en chacune
Viconté seulemēt, en remboursant au
prealable ceux qui s'en trouueront
pourueuz, sans preiudicier aux droits
des Iaulgeurs hereditaires, ou de ceux
qui tiennent lesdits Offices à cause de
leurs fiefs qui ne peuuent estre depossedez sans cognoissance de cause, & sans
que les pourueuz ausdits Offices en
vertu dudit Edict, puisse pretendre
aucunes exemptions, preuileges, ny
immunitez à cause d'iceux, & à la char-

ge que ledit droit de iaulge n'aura lieu
que pour le regard des vaiſſeaux pleins
de vin, cildres, bieres, & autres liqueurs
qui ſeront iaulgez lors que la vente
s'en fera ſeulement, ainſi qu'il eſt accouſtumé, & ſans que les bourgeois
ſoyent tenus audit iaulge, ſinon que de
gré à gré, ny qu'il ſoit pris ny exigé ſur
eux aucun ſallaire pour ce qui ſeroit de
leur creu, en gardant les Reglemens
contenus en l'Arreſt de ladite Court,
du dernier iour de Ianuier, mil cinq
cens quaranteneuf, & autres Arreſts &
Reglemens ſur ce interuenus, & ne ſera
aucune choſe innoué, tant en la forme
dudit iaulge, que ſallaire attribué par
ledit Edict, & entant qu'eſt l'attribu-
tion du droit d'eſchantillon pretendu
eſtre baillé aux tonneliers. Ladite
Cour à ordonné qu'il en ſera vſé ſuiuant les Ordonnances, Arreſts, & Reglemens. Fait à Rouen en ladite Court
de Parlement, le ſeptieſme iour de
Mars,

Mars, l'an mil six cens & cinq.

Signé, DE BOISLEVESQVE.

ENRY par la grace de Dieu, Roy de France & de Nauarre, A nos amez & feaulx Cõseillers les gens tenans noſtre Court de Parlemét à Rouen, Salut. Par noſtre Edict du mois d'Octobre dernier: Nous aurions pour les causes & considerations y contenuës, extaint & supprimé tous les Offices de Iaulgeurs, Mesureurs, & Visiteurs de tonneaux, batiques, & autres vaiſſeaux à mettre vin, cildres, bieres, verjus, vinaigres, huilles, & autres bruuages & liqueurs en noſtre pays de Normandie, & iceux reünis à noſtre Domaine, pour estre vendus en heredité à faculté de

C

rachapt perpetuel aux droits, preuileges & exemptions y attribuez, & comme il est plus au long contenu & porté
par nostredit Edict, & procedant par
vous à la verification duquel auriez
par vostre Arrest du septiesme Mars
dernier, Ordonné qu'il seroit leu, publié, & registré pour estre executé selõ
sa forme & teneur, aux restrinctions &
modifications portées par vostredit
Arrest, sur lequel nous aurions le dix-
septiesme dudit mois de Mars, fait ex-
pedier nos lettres de Iussion : Par lesquelles nous vous aurions mandé que
sans vous arrester ny auoir esgard aux
causes qui vous auroient meuz de faire
lesdites modifications, vous eussiez en
leuant icelles, à verifier purement &
simplement nostredit Edict, pour estre
executé selon sa forme & teneur, à
quoy n'ayant par vous eu esgard, auriez par autre vostre Arrest du vingtseptiesme iour de Iuin dernier, ordon-

né que nous serions tres-humblement
supplié vouloir ordonner que nostredit Edict fust executé aux charges &
modifications portées par vostredit
Arrest, du septiesme Mars dernier: Ce
qui est du tout reculer & directement
contreuenir à nostre vouloir & intention, à quoy voulans pourueoir, & a-
pres auoir fait veoir en nostre Conseil
vosdits Arrests cy dessus dattez, nosdits
Edicts & Iussion: ensemble vostre Arrest du trentiesme iour de Ianuier, mil
cinq cens quaranteneuf, confirmatif
des articles & Ordonnances faites en
l'annee mil cinq cens & trois, par nostre Bailly de Rouen, ou son Lieute-
nant sur le fait desdits iaulges.

De l'advis de nostredit Con-
seil, & de nostre certaine science plei-
ne puissance & authorité Royalle.

Avons dit, declaré, & or-
donné, disons, declarons, & ordonnons, voulons & nous plaist, que pour

le regard de la premiere modification
contenuë par vostredit Arrest , du
septiesme Mars dernier, contenantque
en la presence de nostre Procureur general ou ses substituds sur les lieux, sera
par l'vn de vous procedé à la vente en
heredité à faculté de rachapt perpetuel
desdits Offices de Iaulgeurs & Visiteurs de tonneaux & departement d'i-
ceux , pour vn desdits Offices en chacune Viconté seulement, en remboursant auprealable ceux qui en sont
pourueuz. Ladite modification aura
lieu , fors & excepté que nostre Con-
seiller que nous voulons nommer &
depputer d'entre vous pour proceder à
l'execution de nostre Edict , fera le
departement aux lieux necessaires ou
se deuront establir lesdits Offices, selon
qu'il iugera à propos pour y estre vendus en heredité au plus offrant & dernier encherisseur. Pour la seconde contenant qu'il ne sera preiudicié aux

droits des Iaulgeurs hereditaires, ou de ceux qui tiennent lesdits Offices à cause de leurs fiefs qui ne peuuent estre depossedez sans cognoissáce de cause, nous voulons quelle ait lieu. Pour la troisiesme contenant que les pourueuz ausdits Offices en vertu de nostredit Edict, ne pourront pretendre aucunes exemptiós, preuileges, ny immunitez à cause d'iceux, l'auons leuée & ostee, voulons qu'ils en ioüissent pour les causes & considerations portées par nostredit Edict. Quant à la quatriesme contenant que ledit droit de Iaulge n'aura lieu que pour le regard des vaisseaux pleins de vin, cydres, bieres, & autres liqueurs qui seront iaulgez lors que la vente s'en fera seulement ainsi qu'il est accoustumé, & sans que les bourgeois soyent renus audit iaulge, sinon de gré à gré, ny qu'il soit pris ny exigésur eux aucun sallaire, pource qui seroit de leur creu, nous auons icelle

modification leuee. Voulons que tous
vaiſſeaux neufs qui ſeront faits & façonnez par les Tonneliers, & ceux qui
ſeront reliez & vendus, tant par eux
que les marchands Tauerniers, cabare-
tiers, & autres, ſoient marquez & iaulgez par leſdits Iaulgeurs lors que la
vente s'en fera, d'autant que c'eſt en la
façon & reliage deſdits vaiſſeaux que
les abbus ſe commettent, ne voulons
que les bourgeois des villes de noſtredit pays de Normandie payent aucune
choſe pource qui ſera de leur creu, &
les en auons exemptez & exemptons
fors pource qu'ils vendront en gros: Et
au regard de la derniere modification
concernant le droit d'eſchantillon,
Nous auons ordonné qu'il en ſera vſé
ſuiuant noſtredit Edict. S I V O V S
M A N D O N S & ordonnons que ceſdi-
tes preſentes nos lettres de declaration
que voulons vous ſeruir de finalle &
derniere Iuſſion de noſtre volonté.

Vous ayez en vous conformant à ceste
noſtre intention, à faire icelles enregi-
ſtrer, garder, & obſeruer de poinct en
poinct & de tout leur contenu, & de
noſtredit Edict, vous faites ioüir &
vſer plainement & paiſiblement les
pourueuz auſdits Offices, ceſſans &
faiſans ceſſer tous troubles & empeſ-
chemens au contraire, contraignans à
ce faire & obeir tous ceux qu'il appartiendra : Nonobſtant leſdites Articles
& Ordonnances, voſdits Arreſts, Reglemens, Preuileges, & toutes autres
lettres à ce contraires, auſquelles nous
auons deſrogé & deſrogeons par ces
preſentes. Mandant & enioignant à
ceſte fin à nos Aduocat & Procureur
Generaux en noſtredite Court, de faire
toutes requiſitions, pourſuites & dili-
géces pour ce neceſſaires: Nonobſtant
oppoſitions ou appellations quels-
conques, & ſans auoir eſgard à icelles.
Car tel eſt noſtre plaiſir. Donné à Paris

le vingtseptiesme iour de Iuillet, l'an
de grace mil six cens cinq. Et de nostre
regne le seiziesme.

Signé,   HENRY.

Et plus bas,   Par le Roy.

                              R v z e'.

Et seellees en queuë du grand seel en
cire iaulne.

Et à costé est escript,

*Registrées és registres de la Court, suiuant
l'Arrest de ce iour, donné les Chambres assemblées. A Rouen en Parlement le vingtsixiesme iour de Ianuier, mil six cens sept.*

Signé, DE BOISLEVESQVE.

EX-

EXTRAICT DES REGISTRES
de la Court de Parlement.

VEV par la Court, les Chambres assemblées, les lettres patentes en forme d'Edict, données à Fontainebleau au mois d Octobre, mil six cens quatre. Par lesquelles le Roy a extaint & supprimé tous les Offices de Iaulgeurs, Visiteurs, & Mesureurs de fustailles, muids, pippes, tonneaux & bariques à mettre vin, cydres, bieres, verjus, vinaigres, huilles & autres bruuages & liqueurs, & iceux en ce pays de Normandie de nouueau creez & restablis & declarez r eünis en son Domaine, pour estre en ce ste qualité, auec les droits, esmolumens, pou-

D

uoirs & exemptiõs qui y sont attribuez
par ledit Edict vendus en heredité à
faculté de rachapt perpetuel, par tous
les lieux & endroits que besoin seroit,
à la charge du remboursement, suiuant
qu'il est plus particulierement contenu esdites lettres. Arrest de la Court
interuenu sur la verification dudit
Edict, le septiesme Mars, mil six cens
cinq : Par lequel auoit esté ordonné
que ledit Edict seroit leu, publié, & registré, pour estre executé selon sa forme & teneur, aux mesmes charges contenuës en l'arrest de ladite Court, du
dixhuictiesme Decembre, mil six cens
trois: Et en ce faisant, ordonné qu'en la
presence du Procureur general du Roy
ou son substitud, sur les lieux par l'vn
des Conseillers de ladite Court, qui seroit par elle à ce commis & depputé,
procedé à la vente en heredité à
faculté de rachapt perpetuel desdits
offices de Iaulgeurs & Visiteurs, & de-

partement d'iceux, pour vn defdits offices en chacune Viconté feulement en rembourfant au preallable ceux qui fe trouuerroient pourueuz, fans preiudicier aux droits des Iaulgeurs hereditaires, ou de ceux qui tiennent lefdits Offices à caufe de leurs fiefs qui ne pourroyent eftre depoffedez fans cognoiffance de caufe, & fans que les pourueuz aufdits offices en vertu dudit Edict, puiffent pretendre aucunes exemptions, priuileges, ny immunitez à caufe d'iceux, & à la charge que ledit droit de Iaulge n'auroit lieu que pour le regard des vaiffeaux pleins de vin, cildres, bieres, & autres liqueurs qui feroyent iaulgez lors que la vente s'en féroit feulement, ainfi qu'il eft accouftumé, & fans que les Bourgeois foient tenus audit iaulge, finon que de gré à gré, ny qu'il foit pris ny exigé fur eux aucun fallaire pour ce qui feroit de leur creu, en gardant les Reglemens

contenus en l'Arreſt de ladite Court,
du dernier iour de Ianuier, mil cinq
cens quaranteneuf & autres Arreſts &
Reglemens ſur ce interuenus, & ne ſeroit aucune choſe innoué , tant en la
forme dudit iaulge, que ſallaire attribué par ledit Edict, & entant qu'eſt
l'attributiondu droit d'eſchantillon
que les Tonneliers ſeroyent tenus
prendre deſdits Iaulgeurs , ordonné
qu'il en ſeroit vſé ſuiuant les ordonnances, Arreſts, & Reglements, ledit
Arreſt & Reglement donné en ladite Court le trentieſme Ianuier,
mil cinq cens quarante neuf. Lettres
Patentes en forme de Iuſſion, pour faire leuer leſdites modifications données à Paris le dixſeptieſme iour de
Mars, mil ſix cens cinq. Arreſt de ladite
Court du vingtſeptieſme Iuin oudit
an , par lequel elle auoit ordonné que
le Roy ſeroit treſ-humblement ſuplié
vouloir ordonner que ledit Edict ſe-

roit executé aux charges & modifications contenus au dit Arrest de verification du septiesme Mars audit an.
Autres Lettres patentes de Iussion, &
declaration dudit Seigneur sur lesdites
modifications dónées à Paris le vingtseptiesme Iuillet ensuyuant. Arrest
donné au Conseil d'Estat, du quator-
ziesme Feurier, mil six cens six, par lequel le Roy en sondit Conseil, àleué &
osté la surseance de l'execution dudit
Edict de Iaulgeurs portée par autre
Arrest dudit Conseil du dixiesme
Iuin, mil six cens cinq, & ordonné
qu'il seroit executé en l'estenduë des
Parlemens ou il a esté verifié, & qu'il
seroit procedé à la verification d'iceluy
par les autres Parlemens sans aucune
restrinction. Autres Lettres Patentes
de Iussion, données à Paris le huictiesme Iuin dernier : Par lesquelles est
mandé à ladite Court proceder à la verification pure & simple desdits Edict

& lettres de declaration du 27. Iuillet,
mil cinq cens cinq, nonobstant les re-
monstrances de ladite Court. Lettres
closes dudit Seigneur, du huitiesme de
ce present mois, Arrests de ladite Court
du dix huictiesme de cedit mois, par lequel elle auoit ordonné que le Roy seroit tres-humblement supplié d'auoir
agreable les modifications contenuës
audit Arrest, du septiesme Mars, mil six
cens cinq. Autres lettres patentes de
Iussion, & lettres closes dudit Seigneur
données à Paris le vingtiesme de cedit
present mois de Ianvier, Conclusion
du Procureur general du Roy , tout
cõsideré. LADITE COVRT, les Chambres assemblees du tres-expres com-
mandement du Roy, par plusieurs fois
reiteré tant de bouche que par escrit, à
leué & leue les modificatiõs contenuës
audit Arrest, du septiesme Mars, mil six
cens cinq , en ce qu'il auroit esté ordonné que ledit droit de iaulge n'au-

roit lieu que pour le regard des vaiſſeaux plains de vin, cildre, & autres liqueurs qui ſeroyét iaulgez lors que la
vente s'en feroit ſeulement, meſmes en
ce qui concerne le droit d'eſchantillon
& en ce faiſant, à ordonné & ordonne
que tous vaiſſeaux neufs qui ſeront
faits & façonnez par leſdits Tonneliers, & ceux qui ſeront par eux reliez
& vendus ſeront pareillement marquez & iaulgez par leſdits Iaulgeurs
aux maiſons deſdits tonneliers ſans
preiudice : Neantmoins de la viſitatió
d'iceux par les Maiſtres & Gardes dudit Meſtier de Tónelier, dont ſera vſé
ainſi qu'il eſt accouſtumé ſuiuant les
Ordonnances & Reglement de la po-
lice, & pour le regard dudit droit d'eſchantillon, en ſera vſé par leſdits Iaulgeurs ſuiuant ledit Edict, & pour le
ſurplus, A ordonné que le dit Edict aura lieu, & ſera executé aux charges &
modifications contenuës audit Arreſt,

du septiesme Mars, suiuant & confor-
mément ausdites lettres de declaration
du vingtseptiesme Iuillet, mil six cens
cinq, lesquelles seront registrées sors
& reserué pour l'exemption pretenduë
par lesdits Iaulgeurs, à cause desdits
offices. Fait à Rouen en ladite Court de
Parlement, les Chambres assemblées,
le vingtsixiesme iour de Iannier, l'an
mil six cens & sept.

Signé, *DE BOISLEVESQVE.*